Nossa Senhora de Nazaré

Novena e história

Maria Belém, fsp

Nossa Senhora de Nazaré
Novena e história

Citações bíblicas: Bíblia Sagrada – tradução da CNBB, 2ª ed., 2002

Editora responsável: Celina Weschenfelder
Equipe editorial

4ª edição – 2011
4ª reimpressão – 2022

Nenhuma parte desta obra poderá ser reproduzida ou transmitida por qualquer forma e/ou quaisquer meios (eletrônico ou mecânico, incluindo fotocópia e gravação) ou arquivada em qualquer sistema ou banco de dados sem permissão escrita da Editora. Direitos reservados.

Paulinas
Rua Dona Inácia Uchoa, 62
04110-020 – São Paulo – SP (Brasil)
Tel.: (11) 2125-3500
http://www.paulinas.com.br – editora@paulinas.com.br
Telemarketing e SAC: 0800-7010081
© Pia Sociedade Filhas de São Paulo – São Paulo, 2003

Introdução

A história dos povos da América Latina está radicalmente marcada, desde os primórdios da sua colonização, pela figura da Virgem Maria. Aqui — como em todo o mundo — se criaram inúmeras invocações, formaram-se diversificadas devoções e talharam-se variadas imagens representando a Santa Mãe de Deus.

A devoção à Virgem Maria, sob a invocação de "Nossa Senhora de Nazaré" — venerada em inúmeros locais, como Rio de Janeiro, São Paulo, Brasília, Acre, São Luís, Manaus, Porto Velho, Roraima, Macapá, Fortaleza, Espanha e Portugal —, tem seu ponto alto em Belém do Pará. Neste livreto vamos contar a história de tal devoção e sugerir orações para uma novena, com base nas solenidades que são realizadas em Belém, onde a Festa do Círio é o maior evento religioso do ano.

Todos os anos, no mês de outubro, uma numerosa multidão de devotos de todas as partes do Brasil e do exterior acorre para venerar a Virgem Santíssima e homenageá-la com a expressão máxima dessa devoção, que é o Círio de Nossa Senhora de Nazaré, monumental procissão realizada há mais de duzentos anos e considerada uma das maiores concentrações religiosas do mundo.

Na festa do Círio de Nazaré, não só Maria é aclamada e venerada, mas especialmente prestamos um culto de adoração a Deus que elevou a Virgem Santíssima à dignidade de Mãe de Deus. Adoramos a Deus e veneramos Maria.

PRIMEIRO DIA

Origem da imagem

Em nome do Pai, do Filho e do Espírito Santo. Amém.

Um pouco de história

Uma tradição muito antiga nos conta que a imagem original de Nossa Senhora de Nazaré — a qual representa Maria Santíssima com o Menino Jesus nos braços — teria sido esculpida na cidade de Nazaré, na Galileia, de onde foi levada pelo monge Ciríaco a Belém, na Palestina, que a entregou para São Jerônimo, e este a Santo Agostinho. Da África, o Santo a remeteu para o mosteiro de Caulina, na Espanha, onde ficou até o ano de 714, quando uma guerra obrigou os monges a abandonarem o mosteiro e se refugiarem em Portugal.

Entre os objetos santos carregados havia, sem dúvida, a imagem de Maria de Nazaré. De Portugal, certamente, os colonizadores e missionários a trouxeram para o Norte do Brasil.

Reflexão

"O anjo Gabriel foi enviado por Deus a uma cidade da Galileia, chamada Nazaré, a uma virgem prometida em casamento. [...] a virgem se chamava Maria" (Lc 1,26-27). A Virgem mais santa e mais humilde da terra, a Mãe do Salvador, viveu com seu Filho numa das mais simples e pobres cidades da Palestina, Nazaré. Contudo, de lá irradiou sua luz e sua presença para todo o mundo.

Oração

Querida Virgem de Nazaré, sois exemplo de amor, fidelidade e fé com vosso Filho e vosso esposo, São José. Livrai-me,

ó Mãe, de todas as formas de violência, agressões, perigos, doenças, inveja, desespero, depressão e tristeza. Senhora de Nazaré, que as abençoadas cordas às quais nos agarramos, uns ao lado dos outros, confirmem-nos na fraternidade, no perdão, na partilha, na aproximação mútua como verdadeiros irmãos e irmãs em Jesus Cristo, para juntos construirmos um mundo mais feliz e fraterno. Senhora de Nazaré, rogai por todos nós e obtende-me ainda a graça de que tanto necessito (*fazer o pedido*). Amém.

Pai-Nosso, Ave-Maria e Glória...

Invocação

Ó Virgem Mãe amorosa, fonte de amor e de fé,

Dai-nos a bênção bondosa, Senhora de Nazaré.

Cantos (ver no final do livro).

SEGUNDO DIA
O achado do lenhador Plácido

Em nome do Pai, do Filho e do Espírito Santo. Amém.

Um pouco de história

É difícil dizer como a imagem de Nossa Senhora de Nazaré chegou a Belém. Contudo, há um grupo de historiadores que acredita que esta devoção veio da cidade de Vigia, no Pará, onde o culto à Virgem de Nazaré fora introduzido pelos padres jesuítas, por volta de 1697. Um fato, porém, é certo: em outubro de 1700, o lenhador e caçador Plácido José de Souza, filho do português Manuel Ayres de Souza, caminhando pelo igarapé de Murutucu — hoje uma região perto da Basílica —, encontrou a imagem de Maria de Nazaré, uma réplica daquela cultuada em Portugal e em Vigia. A imagem era de madeira, com 28 centímetros, e estava entre pedras lodosas, numa espécie de nicho natural, talvez deixada aí por algum devoto no retorno de Vigia.

Reflexão

"[...] e a Mãe de Jesus estava lá" (Jo 2,1). A mãe sempre encontra caminhos para chegar até seus filhos. Maria Santíssima, como Nossa Senhora de Nazaré, veio de longe, do além-mar, a fim de ficar no Brasil despertando em todos, de Norte a Sul, grande fé e devoção filial.

Oração

Querida Virgem de Nazaré, sois exemplo de amor, fidelidade e fé com vosso Filho e vosso esposo, São José. Livrai-me, ó Mãe, de todas as formas de violência, agressões, perigos, doenças, inveja, desespero, depressão e tristeza. Senhora de Nazaré, que as abençoadas cordas às quais nos agarramos, uns ao lado dos outros, confirmem-nos na fraternidade, no perdão, na partilha, na aproximação mútua como verdadeiros irmãos e irmãs em Jesus Cristo, para juntos construirmos um mundo mais feliz e fraterno. Senhora de Nazaré, rogai por todos nós e obtende-me ainda a graça de que tanto necessito (*fazer o pedido*). Amém.

Pai-nosso, Ave-Maria e Glória...

Invocação

Ó Virgem Mãe amorosa, fonte de amor e de fé,

Dai-nos a bênção bondosa, Senhora de Nazaré.

Cantos (ver no final do livro).

TERCEIRO DIA

A imagem retorna ao nicho de pedras

Em nome do Pai, do Filho e do Espírito Santo. Amém.

Um pouco de história

Encantado com a descoberta, Plácido levou a imagem para sua casa — uma pobre choupana — e a colocou sobre um altar improvisado. Contudo, na manhã seguinte, a santa havia desaparecido; voltara para seu nicho natural, e isto aconteceu todas as vezes que o lenhador tentara levá-la para casa. Plácido era um homem conhecido no lugar; sua choupana era local de encontro e passagem de viandantes. Por isso, o fato rapidamente se propagou e o povo logo entendeu que a Mãe de Deus queria ser venerada no local onde fora encontrada. Ergueu-se, então, uma palhoça ao redor do nicho natural — a primeira ermida — para abrigar a santa. Plácido construiu ao lado sua nova casa. Mais tarde (1730), sob a aprovação e o apoio do bispo, conseguiu, com a ajuda de amigos, erguer uma capela maior para abrigar a Virgem de Nazaré e seus devotos.

Reflexão

"O anjo entrou onde ela estava e disse: 'Alegra-te, cheia de graça! O Senhor está contigo'" (Lc 1,28). Diante de todos os altares, pobres e ricos, simples e majestosos, sobre a Virgem Santíssima reza-se sempre a prece do anjo Gabriel: "Ave, Maria, cheia de graça!". E a Mãe de Jesus sente-se feliz em poder ouvir seus filhos e atendê-los em suas necessidades.

Oração

Querida Virgem de Nazaré, sois exemplo de amor, fidelidade e fé com vosso Filho e vosso esposo, São José. Livrai-me, ó Mãe, de todas as formas de violência, agressões, perigos, doenças, inveja, desespero, depressão e tristeza. Senhora de Nazaré, que as abençoadas cordas às quais nos agarramos, uns ao lado dos outros, confirmem-nos na fraternidade, no perdão, na partilha, na aproximação mútua como verdadeiros irmãos e irmãs em Jesus Cristo, para juntos construirmos um mundo mais feliz e fraterno. Senhora de Nazaré, rogai por todos nós e obtende-me ainda a graça de que tanto necessito (*fazer o pedido*). Amém.

Pai-Nosso, Ave-Maria e Glória...

Invocação

Ó Virgem Mãe amorosa, fonte de amor e de fé,

Dai-nos a bênção bondosa, Senhora de Nazaré.

Cantos (ver no final do livro).

QUARTO DIA
A festa do Círio

Em nome do Pai, do Filho e do Espírito Santo. Amém.

Um pouco de história

A primeira procissão, chamada de "Círio" por causa das velas usadas, realizou-se em 1793, com a presença do bispo e do governador, que milagrosamente se recuperara de uma doença para participar da homenagem à Virgem de Nazaré e prometera melhorar a ermida da santa. Atualmente a grande procissão do Círio de Nazaré começa na Catedral e vai até a Basílica. São cinco quilômetros cuja caminhada pode durar até sete horas, em virtude das homenagens e da multidão de devotos. Desde 1911 a festa do "Círio de

Nazaré" acontece no segundo domingo de outubro, precedida e seguida por eventos celebrativos a Nossa Senhora. O cortejo da procissão é composto de vários carros, como o Carro dos Anjos, repleto de crianças vestidas de anjo; a Barca dos Milagres, contendo os ex-votos das promessas e graças alcançadas; o carro representando o caçador Plácido no momento em que encontra a imagem; e, finalmente, em destaque, a Berlinda, ou andor, com a Virgem de Nazaré.

Reflexão

"Não tenhas medo, Maria! Encontraste graça junto a Deus. Conceberás e darás à luz um filho, e lhe porás o nome de Jesus" (Lc 1,30-31). Uma multidão de devotos acorre ao altar da Virgem de Nazaré, pois ela é a mãe sempre solícita em aliviar as dores de seus filhos e filhas, em tirar-lhes todo medo e toda angústia. Contemplemos essa Mãe amorosa que passa entre nós e nos traz alegria e paz.

Oração

Querida Virgem de Nazaré, sois exemplo de amor, fidelidade e fé com vosso Filho e vosso esposo, São José. Livrai-me, ó Mãe, de todas as formas de violência, agressões, perigos, doenças, inveja, desespero, depressão e tristeza. Senhora de Nazaré, que as abençoadas cordas às quais nos agarramos, uns ao lado dos outros, confirmem-nos na fraternidade, no perdão, na partilha, na aproximação mútua como verdadeiros irmãos e irmãs em Jesus Cristo, para juntos construirmos um mundo mais feliz e fraterno. Senhora de Nazaré, rogai por todos nós e obtende-me ainda a graça de que tanto necessito (*fazer o pedido*). Amém.

Pai-Nosso, Ave-Maria e Glória...

Invocação

Ó Virgem Mãe amorosa, fonte de amor e de fé,
Dai-nos a bênção bondosa, Senhora de Nazaré.

Cantos (ver no final do livro).

QUINTO DIA

A preparação do Círio

Em nome do Pai, do Filho e do Espírito Santo. Amém.

Um pouco de história

Atualmente, as festividades em louvor à Virgem de Nazaré começam em fins de agosto com a chamada missa do "Mandato". Nessa missa as comunidades, por meio de seus representantes, recebem imagens-réplicas da original e o livro de Peregrinação. Essas pessoas são enviadas a levar a imagem de Nossa Senhora de casa em casa. É a preparação espiritual para o grande evento. Constitui uma verdadeira obra de evangelização realizada entre o povo. Durante o mês de setembro, são entregues diariamente quatro mil imagens às famílias, em seus lares. São dias de oração à Virgem Santa, de reflexão e de paz. No final das peregrinações, a imagem que acompanhou cada romaria é sorteada entre os participantes.

Reflexão

"O anjo [disse a Maria]: 'O Espírito Santo descerá sobre ti, e o poder do Altíssimo te cobrirá com a sua sombra'" (Lc 1,35). O Espírito Santo, assim como desceu sobre Maria e sobre os apóstolos, também vem sobre nós e nos faz compreender as palavras de Jesus no Evangelho. Ele nos ensina toda a Verdade, mostra-nos o Caminho do bem e enche nosso coração de amor e alegria.

Oração

Querida Virgem de Nazaré, sois exemplo de amor, fidelidade e fé com vosso Filho e vosso esposo, São José. Livrai-me,

ó Mãe, de todas as formas de violência, agressões, perigos, doenças, inveja, desespero, depressão e tristeza. Senhora de Nazaré, que as abençoadas cordas às quais nos agarramos, uns ao lado dos outros, confirmem-nos na fraternidade, no perdão, na partilha, na aproximação mútua como verdadeiros irmãos e irmãs em Jesus Cristo, para juntos construirmos um mundo mais feliz e fraterno. Senhora de Nazaré, rogai por todos nós e obtende-me ainda a graça de que tanto necessito (*fazer o pedido*). Amém.

Pai-Nosso, Ave-Maria e Glória...

Invocação

Ó Virgem Mãe amorosa, fonte de amor e de fé,

Dai-nos a bênção bondosa, Senhora de Nazaré.

Cantos (ver no final do livro).

SEXTO DIA
A Basílica

Em nome do Pai, do Filho e do Espírito Santo. Amém.

Um pouco de história

A iniciativa de construir a Basílica onde hoje se venera a Virgem de Nazaré partiu dos Padres Barnabitas, em 1908. Ela foi erguida ao lado da igreja já existente. O projeto previa erguer uma reprodução da Igreja de São Paulo, de Roma, em plena Amazônia. A construção da Basílica exigiu campanhas públicas que mobilizaram todo o povo do Pará. O templo, com 62 metros de comprimento por 24 de largura e 20 de altura, é claro e arejado, favorecendo a oração e as celebrações de crença. É realmente uma obra de arte arquitetônica que majestosamente demonstra a crença e a devoção do povo. A imagem da Virgem de Nazaré, encontrada por Plácido, está protegida em meio à glória de muitos anjos, no altar-mor. A inauguração da Basílica deu-se em 30 de outubro de 1941.

Reflexão

"Maria, então, disse: 'A minha alma engrandece o Senhor, e meu espírito se alegra em Deus, meu Salvador'" (Lc 1,47). Maria Santíssima, de seu santuário, cercada de anjos, recebe o louvor e as preces de seus filhos e devotos e a todos socorre qual mãe bondosa e clemente. Implora e obtém de Deus para nós inúmeras bênçãos, pois ela é a medianeira de todas as graças.

Oração

Querida Virgem de Nazaré, sois exemplo de amor, fidelidade e fé com vosso Filho e vosso esposo, São José. Livrai-me,

ó Mãe, de todas as formas de violência, agressões, perigos, doenças, inveja, desespero, depressão e tristeza. Senhora de Nazaré, que as abençoadas cordas às quais nos agarramos, uns ao lado dos outros, confirmem-nos na fraternidade, no perdão, na partilha, na aproximação mútua como verdadeiros irmãos e irmãs em Jesus Cristo, para juntos construirmos um mundo mais feliz e fraterno. Senhora de Nazaré, rogai por todos nós e obtende-me ainda a graça de que tanto necessito (*fazer o pedido*). Amém.

Pai-Nosso, Ave-Maria e Glória...

Invocação

Ó Virgem Mãe amorosa, fonte de amor e de fé,

Dai-nos a bênção bondosa, Senhora de Nazaré.

Cantos (ver no final do livro).

SÉTIMO DIA

Romaria fluvial

Em nome do Pai, do Filho e do Espírito Santo. Amém.

Um pouco de história

Além da romaria de carros e de motoqueiros, destaca-se a romaria fluvial que percorre as águas da baía de Guajará, levando — numa embarcação ricamente ornamentada — a imagem da Mãe de Deus para abençoar as comunidades ribeirinhas. Som, músicas e fogos acompanham o cortejo marítimo. A embarcação da Virgem de Nazaré é seguida por centenas de outros barcos — grandes, pequenos, simples, pomposos —, os quais deslizam sobre as águas e são aguardados por uma multidão de devotos que recebem a santa entre vivas e aplausos. É um maravilhoso espetáculo que atrai muitos turistas do Brasil e do mundo, numa verdadeira apoteose da fé e da religiosidade de um povo.

Reflexão

"Todas as gerações, de agora em diante, me chamarão feliz, porque o Poderoso fez para mim coisas grandiosas" (Lc 1,48-49). A profecia de Maria se realiza plenamente. Todos os povos a aclamam e a bendizem. É a Senhora e a Rainha clemente que passa entre seus filhos queridos distribuindo favores.

Oração

Querida Virgem de Nazaré, sois exemplo de amor, fidelidade e fé com vosso Filho e vosso esposo, São José. Livrai-me, ó Mãe, de todas as formas de violência, agressões, perigos, doenças, inveja, desespero, depressão e tristeza. Senhora de Nazaré, que as abençoadas cordas às quais nos agarramos, uns ao lado dos outros, confirmem-nos na fraternidade, no perdão, na partilha, na aproximação mútua como verdadeiros irmãos e irmãs em Jesus Cristo, para juntos construirmos um mundo mais feliz e fraterno. Senhora de Nazaré, rogai por todos nós e obtende-me ainda a graça de que tanto necessito (*fazer o pedido*). Amém.

Pai-Nosso, Ave-Maria e Glória...

Invocação

Ó Virgem Mãe amorosa, fonte de amor e de fé,

Dai-nos a bênção bondosa, Senhora de Nazaré.

Cantos (ver no final do livro).

OITAVO DIA

A Berlinda e a Corda

Em nome do Pai, do Filho e do Espírito Santo. Amém.

Um pouco de história

A Berlinda é o andor — verdadeira obra de arte entalhada na madeira — que carrega Nossa Senhora de Nazaré nas procissões. Ricamente enfeitada com flores, leva a Mãe de Deus pelas ruas de Belém.

Atada à Berlinda está a Corda, que simboliza o elo entre o povo e Maria. Com 400 metros de comprimento e 2 polegadas de diâmetro, a Corda é um dos principais símbolos do Círio de Nazaré. Surgida espontaneamente para retirar a Berlinda — que então era um carro puxado por cavalos — de um atoleiro, hoje é imprescindível. Segurar na Corda, além de pagar promessa, é antes de tudo um ato de fé e amor à Virgem Santa. Para segurar a Corda é necessário estar descalço, em virtude da aglomeração de fiéis que estão de dois lados distintos, o dos homens e o das mulheres. Apesar do sacrifício, os devotos não desanimam e no final se ajoelham e agradecem à Virgem o privilégio e levam um pedaço da Corda como lembrança.

Reflexão

"Maria disse: 'Eis aqui a serva do Senhor! Faça-se em mim segundo a tua palavra'" (Lc 1,38). Maria, a serva de Deus, abre caminhos de graças e bênçãos para todos os seus devotos. Todos estão ligados a ela como filhos à sua mãe. Nenhum obstáculo ou sacrifício os impede de estar junto dela.

Oração

Querida Virgem de Nazaré, sois exemplo de amor, fidelidade e fé com vosso Filho e vosso esposo, São José. Livrai-me, ó Mãe, de todas as formas de violência, agressões, perigos, doenças, inveja, desespero, depressão e tristeza. Senhora de Nazaré, que as abençoadas cordas às quais nos agarramos, uns ao lado dos outros, confirmem-nos na fraternidade, no perdão, na partilha, na aproximação mútua como verdadeiros irmãos e irmãs em Jesus Cristo, para juntos construirmos um mundo mais feliz e fraterno. Senhora de Nazaré, rogai por todos nós e obtende-me ainda a graça de que tanto necessito (*fazer o pedido*). Amém.

Pai-Nosso, Ave-Maria e Glória...

Invocação

Ó Virgem Mãe amorosa, fonte de amor e de fé,

Dai-nos a bênção bondosa, Senhora de Nazaré.

Cantos (ver no final do livro).

NONO DIA

A mágica da fé

Em nome do Pai, do Filho e do Espírito Santo. Amém.

Um pouco de história

A festa do Círio de Nossa Senhora de Nazaré é um fenômeno religioso que só a fé justifica. Estudiosos tentaram, sem êxito, explicar esse acontecimento multicultural e religioso que desafia a lógica humana. Movidos pela força dessa fé, uma multidão de dois milhões de fiéis aflui para louvar e homenagear aquela que, na humildade de um "sim", trouxe o Salvador da humanidade. É a mágica da fé que mobiliza essas pessoas na devota caminhada ao redor da Virgem Maria. É essa mágica que as faz andarem, cantarem louvores, recitarem orações, carregarem tijolos, miniaturas de casas, peças de cera, pequenas embarcações, cruzes de todos os tamanhos, agarrarem-se à corda e andarem de joelhos. Não existe explicação humana para o desejo de contemplar, pelo menos por um instante, aquela pequena imagem — de uns 28 centímetros — que desceu de seu trono para caminhar com o povo, aliviando suas dores e dando-lhe novas esperanças. Esta é a mística do Círio de Nazaré; esta é a fé que remove montanhas.

Reflexão

"Maria disse: 'O seu nome é santo, e sua misericórdia se estende de geração em geração sobre aqueles que o temem'" (Lc 1,49-50). A quem tem fé tudo é possível. "Tudo o que, na oração, pedirdes com fé, vós o recebereis" (Mt 21,22), dizia Jesus. A fé em Jesus operava milagres. Possamos nós sempre implorar: "Senhor, aumentai a nossa fé!". E Jesus nos responderá com certeza: "Coragem, filha! A tua fé te salvou! Vai em paz" (cf. Mt 9,22).

Oração

Querida Virgem de Nazaré, sois exemplo de amor, fidelidade e fé com vosso Filho e vosso esposo, São José. Livrai-me, ó Mãe, de todas as formas de violência, agressões, perigos, doenças, inveja, desespero, depressão e tristeza. Senhora de Nazaré, que as abençoadas cordas às quais nos agarramos, uns ao lado dos outros, confirmem-nos na fraternidade, no perdão, na partilha, na aproximação mútua como verdadeiros irmãos e irmãs em Jesus Cristo, para juntos construirmos um mundo mais feliz e fraterno. Senhora de Nazaré, rogai por todos nós e obtende-me ainda a graça de que tanto necessito (*fazer o pedido*). Amém.

Pai-Nosso, Ave-Maria e Glória...

Invocação

Ó Virgem Mãe amorosa, fonte de amor e de fé,
Dai-nos a bênção bondosa, Senhora de Nazaré.

Cantos (ver no final do livro).

Cantos

Vós sois o lírio mimoso[*]
Euclydes Faria – "Círio de Nazaré"
(CD 12023-5 – Paulinas/Comep)

Vós sois o lírio mimoso/ Do mais suave perfume Que ao lado do santo esposo/ A castidade resume.

Ó Virgem mãe amorosa
Fonte de amor e de fé
Dai-nos a bênção bondosa
Senhora de Nazaré.

---

[*] A letra deste hino foi escrita por Euclydes Faria, poeta maranhense, nascido a 14 de março de 1837. Foi cantado pela primeira vez, em 24 de outubro de 1909, no lançamento da pedra fundamental da Basílica de Nazaré. A partir deste momento, nunca mais foi esquecido.

De vossos olhos o pranto/ É como a gota de orvalho
Que dá beleza e encanto/ À flor pendente do galho.

Se em vossos lábios divinos/ Um doce riso desponta
Nos esplendores dos hinos/ Nossa alma aos céus se levanta.

Vós sois a flor da inocência/ Que nossa vida embalsama
Com suavíssima essência/ Que sobre nós se derrama.

Quando na vida sofremos/ A mais atroz amargura
De vossas mãos recebemos/ A confortável doçura.

Vós sois a ridente aurora/ De divinais esplendores
Que a luz da fé revigora/ Nas almas dos pecadores.

Sede bendita, Senhora/ Farol da eterna bonança
Nos altos céus onde mora/ A luz da nossa esperança.

E lá da celeste altura/ Do vosso trono de luz
Dai-nos a paz e ventura/ Por vosso amado Jesus.

Maria de Nazaré

Padre Zezinho – "Círio de Nazaré"
(CD 12023-5 – Paulinas/Comep)

Maria de Nazaré/ Maria me cativou.
Fez mais forte minha fé/ E por filho me adotou.

Às vezes eu paro e fico a pensar/ E sem perceber me vejo a rezar
E meu coração se põe a cantar/ Pra Virgem de Nazaré.

Ave, Maria, Ave, Maria, Ave, Maria/ Mãe de Jesus.

Maria que eu quero bem/ Maria do puro amor
Igual a você ninguém/ Mãe pura do meu Senhor.

Em cada mulher que a terra criou/ Um traço de Deus Maria deixou
Um sonho de mãe Maria plantou/ Pro mundo encontrar a paz.

Maria que fez o Cristo falar/ Maria que fez Jesus caminhar
Maria que só viveu pra seu Deus/ Maria do povo meu.

Ave, Maria, Ave, Maria...

Ladainha de Nossa Senhora

Senhor, tende piedade de nós.
Jesus Cristo, tende piedade de nós.
Senhor, tende piedade de nós.
Jesus Cristo, tende piedade de nós.
Jesus Cristo, ouvi-nos.
Jesus Cristo, atendei-nos.
Deus Pai dos céus,
tende piedade de nos.
Deus Filho, Redentor do mundo,
tende piedade de nós.
Deus Espírito Santo,
tende piedade de nós.
Santíssima Trindade, que sois um só Deus,
tende piedade de nós.
Santa Maria,   rogai por nós
Santa Mãe de Deus,   "
Santa Virgem das Virgens,   "
Mãe de Jesus Cristo,   "
Mãe da divina graça,   "
Mãe puríssima,   "
Mãe castíssima   "
Mãe imaculada   "
Mãe intacta,   "
Mãe amável,   "
Mãe admirável,   "

Mãe do bom conselho,	rogai por nós
Mãe do Criador,	"
Mãe do Salvador,	"
Mãe da Igreja,	"
Virgem prudentíssima	"
Virgem venerável,	"
Virgem louvável,	"
Virgem poderosa,	"
Virgem benigna,	"
Virgem fiel,	"
Espelho de justiça,	"
Sede de sabedoria,	"
Causa da nossa alegria,	"
Vaso espiritual,	"
Vaso honorífico,	"
Vaso insigne de devoção,	"
Rosa mística,	"
Torre de Davi,	"
Torre de marfim,	"
Casa de ouro,	"
Arca da aliança,	"
Porta do céu,	"
Estrela da manhã,	"
Saúde dos enfermos,	"
Refúgio dos pecadores,	"
Consoladora dos aflitos,	"
Auxílio dos cristãos,	"
Rainha dos Anjos,	"
Rainha dos Patriarcas,	"
Rainha dos Profetas,	"

Rainha dos Apóstolos, rogai por nós
Rainha dos Mártires, "
Rainha dos Confessores, "
Rainha das Virgens, "
Rainha de todos os santos, "
Rainha concebida
sem pecado original, "
Rainha assunta ao céu, "
Rainha do santo rosário, "
Rainha da paz. "

Cordeiro de Deus
que tirais o pecado do mundo,
perdoai-nos, Senhor.
Cordeiro de Deus
que tirais o pecado do mundo,
ouvi-nos, Senhor.
Cordeiro de Deus
que tirais o pecado do mundo,
tende piedade de nós.
Rogai por nós, Santa Mãe de Deus,
para que sejamos dignos
das promessas de Cristo.

Oremos. Ó Deus, que pela Imaculada Conceição da Virgem preparastes ao vosso filho uma digna mansão, nós vos rogamos que a tendo preservado de toda a mácula, na previsão da morte do vosso mesmo Filho, nos concedais pela sua intercessão chegarmos até vós também purificados de todo o pecado. Pelo mesmo Jesus Cristo, nosso Senhor. Amém.

NOSSAS DEVOÇÕES
(Origem das novenas)

De onde vem a prática católica das novenas? Entre outras, podemos dar duas respostas: uma histórica, outra alegórica.

Historicamente, na Bíblia, no início do livro dos Atos dos Apóstolos, lê-se que, passados quarenta dias de sua morte na Cruz e de sua ressurreição, Jesus subiu aos céus, prometendo aos discípulos que enviaria o Espírito Santo, que lhes foi comunicado no dia de Pentecostes.

Entre a ascensão de Jesus ao céu e a descida do Espírito Santo, passaram-se nove dias. A comunidade cristã ficou reunida em torno de Maria, de algumas mulheres e dos apóstolos. Foi a primeira novena cristã. Hoje, ainda a repetimos todos os anos, orando, de modo especial, pela unidade dos cristãos. É o padrão de todas as outras novenas.

A novena é uma série de nove dias seguidos em que louvamos a Deus por suas maravilhas, em particular, pelos santos, por cuja intercessão nos são distribuídos tantos dons.

Alegoricamente, a novena é antes de tudo um ato de louvor ao Pai, ao Filho e ao Espírito Santo, Deus três vezes Santo. Três é número perfeito. Três vezes três, nove. A novena é louvor perfeito à Trindade. A prática de nove dias de oração, louvor e súplica confirma de maneira extraordinária nossa fé em Deus que nos salva, por intermédio de Jesus, de Maria e dos santos.

O Concílio Vaticano II afirma: "Assim como a comunhão cristã entre os que caminham na terra nos aproxima mais de Cristo, também o convívio com os santos nos une a Cristo, fonte e cabeça de que provêm todas as graças e a própria vida do povo de Deus" (*Lumen Gentium*, 50).

Nossas Devoções procura alimentar o convívio com Jesus, Maria e os santos, para nos tornarmos cada dia mais próximos de Cristo, que nos enriqueça com os dons do Espírito e com todas as graças de que necessitamos.

Francisco Catão

Coleção Nossas Devoções

- *Dulce dos Pobres: novena e biografia* – Marina Mendonça
- *Francisco de Paula Victor: história e novena* – Aparecida Matilde Alves
- *Frei Galvão: novena e história* – Pe. Paulo Saraiva
- *Imaculada Conceição* – Francisco Catão
- *Jesus, Senhor da vida: dezoito orações de cura* – Francisco Catão
- *João Paulo II: novena, história e orações* – Aparecida Matilde Alves
- *João XXIII: biografia e novena* – Marina Mendonça
- *Maria, Mãe de Jesus e Mãe da Humanidade: novena e coroação de Nossa Senhora* – Aparecida Matilde Alves
- *Menino Jesus de Praga: história e novena* – Giovanni Marques Santos
- *Nhá Chica: Bem-aventurada Francisca de Paula de Jesus* – Aparecida Matilde Alves
- *Nossa Senhora Aparecida: história e novena* – Maria Belém
- *Nossa Senhora da Cabeça: história e novena* – Mario Basacchi
- *Nossa Senhora da Luz: novena e história* – Maria Belém
- *Nossa Senhora da Penha: novena e história* – Maria Belém
- *Nossa Senhora da Salete: história e novena* – Aparecida Matilde Alves
- *Nossa Senhora das Graças ou Medalha Milagrosa: novena e origem da devoção* – Mario Basacchi
- *Nossa Senhora de Caravaggio: história e novena* – Leomar A. Brustolin e Volmir Comparin
- *Nossa Senhora de Fátima: novena* – Tarcila Tommasi
- *Nossa Senhora de Guadalupe: novena e história das aparições a São Juan Diego* – Maria Belém
- *Nossa Senhora de Nazaré: novena e história* – Maria Belém
- *Nossa Senhora Desatadora dos Nós: história e novena* – Frei Zeca
- *Nossa Senhora do Bom Parto: novena e reflexões bíblicas* – Mario Basacchi
- *Nossa Senhora do Carmo: novena e história* – Maria Belém
- *Nossa Senhora do Desterro: história e novena* – Celina Helena Weschenfelder
- *Nossa Senhora do Perpétuo Socorro: história e novena* – Mario Basacchi
- *Nossa Senhora Rainha da Paz: história e novena* – Celina Helena Weschenfelder
- *Novena à Divina Misericórdia* – Tarcila Tommasi

- *Novena das Rosas: história e novena de Santa Teresinha do Menino Jesus* – Aparecida Matilde Alves
- *Novena em honra ao Senhor Bom Jesus* – José Ricardo Zonta
- *Ofício da Imaculada Conceição: orações, hinos e reflexões* – Cristóvão Dworak
- *Orações do cristão: preces diárias* – Celina Helena Weschenfelder
- *Os Anjos de Deus: novena* – Francisco Catão
- *Padre Pio: novena e história* – Maria Belém
- *Paulo, homem de Deus: novena de São Paulo Apóstolo* – Francisco Catão
- *Reunidos pela força do Espírito Santo: novena de Pentecostes* – Tarcila Tommasi
- *Rosário dos enfermos* – Aparecida Matilde Alves
- *Rosário por uma transformação espiritual e psicológica* – Gustavo E. Jamut
- *Sagrada Face: história, novena e devocionário* – Giovanni Marques Santos
- *Sagrada Família: novena* – Pe. Paulo Saraiva
- *Sant'Ana: novena e história* – Maria Belém
- *Santa Cecília: novena e história* – Frei Zeca
- *Santa Edwiges: novena e biografia* – J. Alves
- *Santa Filomena: história e novena* – Mario Basacchi
- *Santa Gemma Galgani: história e novena* – José Ricardo Zonta
- *Santa Joana d'Arc: novena e biografia* – Francisco de Castro
- *Santa Luzia: novena e biografia* – J. Alves
- *Santa Maria Goretti: história e novena* – José Ricardo Zonta
- *Santa Paulina: novena e biografia* – J. Alves
- *Santa Rita de Cássia: novena e biografia* – J. Alves
- *Santa Teresa de Calcutá: biografia e novena* – Celina Helena Weschenfelder
- *Santa Teresinha do Menino: novena e biografia* – Jesus Mario Basacchi
- *Santo Afonso de Ligório: novena e biografia* – Mario Basacchi
- *Santo Antônio: novena, trezena e responsório* – Mario Basacchi
- *Santo Expedito: novena e dados biográficos* – Francisco Catão
- *Santo Onofre: história e novena* – Tarcila Tommasi
- *São Benedito: novena e biografia* – J. Alves

- *São Bento: história e novena* – Francisco Catão
- *São Brás: história e novena* – Celina Helena Weschenfelder
- *São Cosme e São Damião: biografia e novena* – Mario Basacchi
- *São Cristóvão: história e novena* – Mário José Neto
- *São Francisco de Assis: novena e biografia* – Mario Basacchi
- *São Francisco Xavier: novena e biografia* – Gabriel Guarnieri
- *São Geraldo Majela: novena e biografia* – J. Alves
- *São Guido Maria Conforti: novena e biografia* – Gabriel Guarnieri
- *São José: história e novena* – Aparecida Matilde Alves
- *São Judas Tadeu: história e novena* – Maria Belém
- *São Marcelino Champagnat: novena e biografia* – Ir. Egídio Luiz Setti
- *São Miguel Arcanjo: novena* – Francisco Catão
- *São Pedro, Apóstolo: novena e biografia* – Maria Belém
- *São Peregrino Laziosi* – Tarcila Tommasi
- *São Roque: novena e biografia* – Roseane Gomes Barbosa
- *São Sebastião: novena e biografia* – Mario Basacchi
- *São Tarcísio: novena e biografia* – Frei Zeca
- *São Vito, mártir: história e novena* – Mario Basacchi
- *Senhora da Piedade: setenário das dores de Maria* – Aparecida Matilde Alves
- *Tiago Alberione: novena e biografia* – Maria Belém